Reino de palabras

Kingdom of Words

MUSEO SALVAJE

Colección de poesía

———————————————

Poetry Collection

WILD MUSEUM

Gloria Gabuardi

REINO DE PALABRAS

KINGDOM OF WORDS

Tanslater by
Stacey Alba Skar-Hawkins

Nueva York Poetry Press LLC
128 Madison Avenue, Oficina 2RN
New York, NY 10016, USA
Teléfono: +1(929)354-7778
nuevayork.poetrypress@gmail.com
www.nuevayorkpoetrypress.com

Reino de palabras / Kingdom of Words
© 2023 Gloria Gabuardi

ISBN-13: 978-1-958001-49-3

© Colección *Museo Salvaje* vol. 49
(Homenaje a Olga Orozco)

© Dirección:
Marisa Russo

© Edición:
Francisco Trejo

© Texto de contraportada:
Anastasio Lovo

© Diseño de portada:
William Velásquez Vásquez

© Diseño de interiores:
Moctezuma Rodríguez

© Fotografía de la autora:
Archivo personal de la autora

Gabuardi, Gloria
Reino de palabras / Kingdom of Words / Gloria Gabuardi. 1ª ed. New York: Nueva York Poetry Press, 2022, 150 pp. 5.25" x 8".

1. Poesía nicaragüense   2. Poesía latinoamericana

Todos los derechos reservados. Esta publicación no puede ser reproducida, ni en todo ni en parte, ni registrada en o transmitida por, un sistema de recuperación de información, en electroóptico, por fotocopia, o cualquier otro, sin el permiso previo por escrito de la editorial, excepto en casos de citación breve en reseñas críticas y otros usos no comerciales permitidos por la ley de derechos de autor. Para solicitar permiso, contacte a la editora por correo electrónico: nuevayork.poetrypress@gmail.com.

REINO DE PALABRAS

Quiero tener un reino de palabras
o un río de palabras
que arrastre la desdicha humana
que haga raíces en mi alma
y la transformen en Argonauta
Quijota de los mares de la fantasía
valiente soñadora de la libertad.

Un reino de palabras
que me haga trastocar
el movimiento de los pájaros en sus ramas
y que me transmita el color de una estrella
el olor del viento
la espiritualidad de la pasión de los hombres.

Un reino de palabras que me haga conocer
al ser humano, los mares y los astros
para juntar mi alma con mi cuerpo
y así complacer mi carne.

Quiero un reino de palabras para mi alma
como quiero una Patria inmensa para mi corazón
libre como la soñamos todos.
Un reino de palabras que me seduzcan
y que se desgranen entre mi lengua
como laberinto de perlas
en un atardecer de mi Patria.

KINGDOM OF WORDS

I want a kingdom of words
perhaps a river of words
to wash away the suffering of humanity
to water the roots of my soul
transformed into Argonaut
Quijota navigating seas of illusion
brave dreamer of freedom.

A kingdom of words
that I may unsettle birds
alighting on branches
revealing to me the color of a star
the scent of air
the spiritual passion of mankind.

A kingdom of words for me to identify
humanity, oceans, and heavens
to join my body and soul
and thus feed my flesh.

I want a kingdom of words for my soul
as I want a vast Homeland for my heart
free as we all dreamed it to be.
A kingdom of beguiling words
ones that roll off my tongue
like a labyrinth of pearls
in my Homeland's setting sun.

Un reino de palabras o un río de palabras.
que se desborde y arrastre todo lo que encuentre
que sea fuego fatuo entre mi boca
pasión devoradora de mis sueños.
Que me encandile los labios
que me entregue las llaves de la imaginación
de las islas de los colores y las especias
Amboina, Banda, Ternate y Tidore
con sus baúles, sus tragedias y sus aventuras
en el mar del llanto de Vespucio y Magallanes

Y, que para detenerse ante mí,
solo baste, que me iluminen tus ojos
o el temblor del umbral de un sueño
para manchar la página en blanco.

A kingdom of words or a river of words
to spill over and sweep away all that lies before it
to illuminate my mouth
all-consuming passion of my dreams.
May it ignite my lips
and give me the keys to imagine
islands filled with colors and spices
Amboina, Banda, Ternate, and Tidore
their treasure chests, shipwrecks, and adventures
in the weeping sea of Magellan and Vespucci.

And, for all this to appear before me,
I need only feel the light of your eyes upon me
or the tremor on the verge of dreaming
to blacken the blank page.

CONFESIÓN DE AMOR

A mi hija Gloria Marimelda
Blanca Fernanda, quien acaba de
dar a luz a mi primer nieto
Andrés Alejandro

Confieso que la amo.
Es la caracolita de oro
de un cuento de mi madre,
el caballito de luna de un cuento de mi padre
las lágrimas derramadas de mi madre
las torturas sufridas por mi padre,
la guitarrita de los juegos de mis hijos,
la ola violenta del mar de San Juan del Sur,
la maravilla del mundo que es el río San Juan
los ocho mil kilómetros cuadrados
de historia del lago de la señorial Granada.
Es mi casa, mis hijos, el hombre que quiero.
Es mi Patria que habita en mí,
y confieso que la amo.

Por eso soy un pájaro descuadernado
cuando me ausento.
Creció conmigo como el canto de un cenzontle
como fluyen las aguas de los ríos
como un árbol frondoso
en el centro de mi corazón
donde se han empozado las aguas del llanto.

DECLARATION OF LOVE

To my daughter Gloria Marimelda
Blanca Fernanda, who has just given birth to
my first grandchild
Andrés Alejandro

I admit that I love her.
She is the little golden seashell
from a story by my mother,
the little moon horse from a story by my father,
the tears my mother shed
the torture my father endured,
the toy guitar my children played,
the crashing wave on the San Juan del Sur shore,
the San Juan River wonder of the world,
the eight thousand square kilometers
of history in noble Granada's great lake.
My home, my children, the man I love.
My homeland that inhabits me,
and I admit that I love her.

That is why, without her,
I am a bird with clipped wings.
She grew within me like the mockingbird's song
like flowing river currents
like a lush tree
deep within my heart
where my weeping made pools of water.

Creció como maraña de ramas
se enroscó en mis venas
como el azote de un viento
como el alba penetrando las rendijas.

Mi amor creció como si el hambre no existiera,
ni el destierro, ni la tristeza, ni la pobreza,
ni la pena, ni la melancolía, ni el olvido,
ni la sombra amordazada
de lo justo o de lo injusto
y me hizo mujer de aguas y volcanes.

Mi patria Nicaragua,
tierra de la sangre derramada,
lugar donde nace y muere el arcoíris
con sus cielos y sus infiernos
con su cofre de sueños, con sus tragos amargos,
con su mito de aquí está el paraíso,
en constante lucha entre la sangre
y el corazón de sus habitantes
y donde encontramos el horizonte
tras un largo caminar.

Me siente y me extiende suya
como cordillera conquistada,
por piratas y bucaneros.
He viajado por su lluvia y por su espuma
como Minotauro con alas
como Dragón guardián de sus sueños imposibles.

She grew like tangled branches
spreading through my veins
like a whipping wind
like the light of dawn penetrating cracks.

My love flourished as if there were no hunger,
no exile, no poverty, no sorrow
no mourning, no melancholy, no forgetting,
no silent shadow
of justice or injustice,
and it made me a woman of lakes and volcanoes.

Nicaragua, my homeland,
land of bloodshed,
where rainbows are born and die,
with its heavens and infernos
with its treasure chest of dreams, its bitter pills,
with its myth of paradise found,
in a constant struggle between the blood
and the heart of its people
and where we walk long and far
to reach the horizon.

I belong to it, unfolding
like a mountain range conquered
by bandits and buccaneers.
I have endured its rain and sea foam
like a winged Minotaur
like a Dragon guardian of its impossible dreams.

Por eso quiero cuando muera
que me entierren con un trozo de su cielo
que me guarden agua de su lago
y que un puño de su tierra
me cubra la piel
donde escriban mi nombre y su nombre.
Gloria, Nicaragua.
Gloria Gabuardi.

That is why when I die
may they bury me with a bit of its sky
may they give me water from its lake
and may a handful of its soil
shroud my skin
where they will write my name and its name.
Gloria, Nicaragua.
Gloria Gabuardi.

OBSERVANDO A MI HIJA CUANDO BAILA

*A mi hija
Gloria Marimelda Blanca Fernanda,
bailarina de mis sueños.*

Mi hija cuando baila es ángel,
Sheherezada, Mandolina, Diosa de luna,
Maga de la Luna y de la Noche
figurita colorada de Kandinski
envuelta en gasas, sedas y tafetanes crujientes
al ritmo del vuelo de una mariposa
y sus pies, uno, dos, tres, pies de ÍCARO
marcando el paso y alzando el vuelo
muñequita de cuerda
en lluvia de estrellas
que cae sobre las piernas, brinca, salta,
sus pies, su memoria y su recuerdo,
vuela igual que saeta,
dá giros, uno, dos, tres,
giros y vuelve al vuelo
con los hombros nerviosos, como olas de mar,
cintura en constante rotor,
danza en el vértigo del caos,
choque de olas contra las piedras,
choque y movimiento de huesos
alfarera de la vida y de la muerte
danza anidando su cielo
increpando lo oscuro de la noche

WATCHING MY DAUGHTER DANCE

*To my daughter
Gloria Marimelda Blanca Fernanda,
my dream ballerina.*

My daughter is an angel when she dances,
Scheherazade, Mandolin, Moon goddess,
Magician of the Moon and Night,
a colorful figure painted by Kandinsky
wrapped in chiffon, crisp taffeta, and silk,
she follows the flight of a butterfly,
and her toes, one, two, three, ICARUS' toes
keep the rhythm and give her wings
marionette
her legs in a star shower
as she leaps and jumps,
her toes, memory, and musing,
straight as an arrow,
twirling, one, two, three
twirls, and she returns to flight
her shoulders rippling like ocean waves,
her waist constantly in motion,
dizzying, chaotic dance,
the smashing of waves on rocks,
shaking through to her bones,
potter spinning the wheel of life and death
heaven embodied in dance
rejecting the darkness of night

que no deja ver, oír
el ritmo feroz de la danza
danza primitiva ancestral
comanda a sus amigas
las alerta, grita: las mujeres aran la tierra
el espíritu del baile la atrapa y la transforma
como hechizo y como embrujo:
las mujeres defienden la tierra
se transforma en guerrera,
cenzontle mañanero
ángel de la guarda protegiendo las estrellas
danza en primitivo movimiento ancestral:
uno, dos, tres, cuatro, vuelta,
la tierra, la tierra nuestra, de los hijos
de los míos, a su defensa, gira y gira
empuña el palo, su espada, su machete
lo alza, lo lanza, lo clava en la tierra
al ritmo del calor, del color, del tambor
danza primitiva ancestral:
los hombres se fueron a la lucha
las mujeres en la danza defendiendo
el arado, la tierra que chorrea sangre,
la tierra de los hijos
la tierra de los ancestros
luego husmea, siente el peligro, es un lince
danza, brinca, se agacha, lanza el palo,
remolino de sedas, cintas, sudor y llanto
giros y más giros, vuelos de pájaros
hasta quedar extenuadas, jadeantes,

that hushes and hides
the dance's frenzied rhythm
the primitive, ancestral dance
calls to her friends
calling out to them: it is women who till the land
the spirit of the dance surrounds her, transfixes her
as if under a spell, as if in a trance:
it is women who defend the land
and she is transformed into a warrior,
into a mockingbird at dawn
guardian angel defender of stars
the dance, primeval, ancestral stirring:
one, two, three, four, turn,
earth, our earth, our children's earth
our people's earth, defend her, turn, turn
take your shovel, your sword, your machete
raise it, thrust it, plunge it into the earth
to the beat of the drum, pulsing, throbbing
primeval, ancestral dance:
the men went to fight
the women dance to defend
their tilling, blood of the earth,
their children's earth
their ancestral earth
then she sniffs the air, sensing danger, wise lynx
dancing, leaping, crouching, thrusting,
swirling silk, ribbons, sweat and tears
circling and circling, birds flying
to the point of exhaustion, breathless,

trasmitiendo, bailando, el sentido de su danza
ruidos de pájaros, trinos, voces ahogadas
en los vientos huracanados que impulsan la danza
hasta el fin.

dancing, singing the meaning of the dance,
birds calling, chirping, voices drowning
in hurricane winds stirred by the dance
to infinity.

SOY LA SANGRE DE TU SANGRE

A mi padre, quién muchas veces fueencarcelado,
torturado y dado por desaparecido,
durante la dictadura somocista.

Me despertó el ruido de la lluvia
el vuelo presuroso de pájaros huyendo

la luz fuerte de un trueno en la distancia
y tu mano en mi frente diciéndome:
tranquila, tranquila.
¿Era hoy, ayer, cuando estaba niña?
¿Soñaba o estabas conmigo padre mío?
Te oía cansado,
como cuando te dio el infarto
Pasé horas con mi mano en tu corazón
que aún siento palpitar
como si fuera el corazón mío.

Pienso en mi vida con fiereza,
en mi historia, en el mundo de los míos,
te veo en cada partícula de viento
con la certeza
de que siempre estás conmigo.

¿Te acuerdas cuando en compañía de mi madre
te visitábamos en la cárcel?

I AM BLOOD OF YOUR BLOOD

> *To my father, imprisoned many times,*
> *tortured and disappeared,*
> *during the Somocist dictatorship.*

I was awakened by the pounding rain
birds suddenly taking flight

the flash of light from distant thunder
and your hand on my forehead saying:
calm down, calm down.
Was it today, yesterday, when I was a little girl?
Was I dreaming or were you with me, dear father?
You sounded tired,
like when you had a heart attack
I spent hours with my hand over your heart
I can still feel it beating
as if it were my own.

I reflect intensely on my life,
my past, the world of my friends and family,
recognizing you in each whisper of wind
convinced
that you are with me always.

Do you remember when I went with my mother
to visit you in prison?

¿Cuando te buscábamos por meses,
de cárcel en cárcel,
y no aparecías,
y nos decían que no te tenían,
que estabas desaparecido?
Qué días aquellos tan tristemente tristes...

¿Y cuando te liberaron,
que te desmayabas a todas horas
y gritabas aterrado por las noches
y había que detenerte
porque te levantabas de la cama
y corrías despavorido,
queriendo huir de algo o de alguien
y había que inyectarte
y se pensaba que habías enloquecido?

Es que las torturas
volvían y hacían guiñapos a los hombres
y ponían en sus manos las vidas hechas pedazos
como un espejo roto que de pronto vio el mar
y se tiró al vacío.

¿Te acuerdas
cuando vos loco de susto
me fuiste a buscar
a mi primera manifestación de protesta
por el asesinato de los estudiantes del 23 de julio?

When we searched for you for months,
from prison to prison,
unable to find you,
and they told us they didn't have you,
that you had disappeared?
Those were such terribly sad days…

And when they released you,
and you fainted all the time
and you screamed every night in terror
and we had to restrain you
because you would get out of bed
and run terrified,
trying to flee something or someone
and we had to sedate you
thinking that you had gone mad?

The torture
never went away, tearing men apart
depositing their shattered lives in their hands
like a broken mirror suddenly facing the sea
to nothingness.

Do you remember the time you were
out of your mind with fear
when you went looking for me
at my first protest march
after the massacre of students on July 23?

Era el primer o segundo aniversario,
no recuerdo bien,
llegó la guardia y con bombas lacrimógenas
y culatazos deshizo la manifestación.
¿Tendría yo unos quince años?
Y de pronto te vi en medio de la multitud
buscándome, llamándome a gritos,
aterrado, miedoso
de que me hubiera pasado algo.
Como te entiendo ahora
que tengo a mis hijos.
En esos tiempos
lo que hiciste me dio mucha vergüenza,
me escondí, te dejé solo
y hoy que lo recuerdo
pienso que no he podido olvidarlo nunca
y se me acongoja el corazón
y me hace querer atrapar el tiempo con el puño,
retroceder, cambiar la historia
deshacerla con furia animal y tirarla al vacío
partir la noche de mis recuerdos
como en una fiesta con piñata,
desbaratarlos y desnudarlos totalmente
que se queden como en un altar de pueblo
como estación de tren vacía
llena de fantasmas.

Perdóname, Perdóname, Perdóname
escucha el réquiem de mi alma compungida

It was the first or second anniversary,
as I recall,
Somoza's guard came and broke up the march
with tear gas, beating us with rifles.
I was maybe 15 at the time?
And suddenly I spotted you in the crowd
trying to find me, screaming my name,
terrified, frightened
that something could have happened to me.
How I understand you now
that I have my own children.
Back then,
I felt ashamed of your behavior,
I hid from you and ran from you,
and as I remember it now
I think of how I have never been able to forget that
and it breaks my heart
and it makes me want to seize hold of time,
turn the clock back, change history
tear it apart like a wild animal, throw it away
splitting night from my memories
like a piñata party,
breaking them, stripping them bare,
to place them like a village altar
like an empty train station
full of ghosts.

Forgive me, Forgive me, Forgive me
hear the requiem of my remorseful soul

el galope, el trueno, el latigazo
de mis tímpanos rotos
ante el canto fúnebre de los pajaritos
no me despiertes con tu silencio de sombras
apapáchame, dame un beso, abrázame,
háblame papá
soy la sangre de tu sangre
que persigue desde su historia
el ruido de tu corazón entre sus sueños.

the galloping, the thundering, the beating
in my eardrums, broken
by the funeral song of birds.
Do not awaken me with your silent shadow
hold me, give me a kiss, hug me,
talk to me, father
I am blood of your blood
tracing the sound of your heartbeat
through history and dreams.

TIGRA CON MANCHAS

En el espejo de esta lluvia intensa
aguacero de llantos y nostalgias
me veo en la imagen de una tigra
mostrándose los dientes
y su corazón de dragona sin alas.

Abro mi boca para restregarle mi guerra
los portones de mi cárcel,
el umbral de mi piel,
la penumbra de mi cielo,
el sinfín de mi mundo trastocado.

Un rugido extraño me estremece,
observo en mi cuerpo las manchas del tigre,
y el temblor de mi alma eriza mi piel.
Ahora camino y me muevo como tigra,
tengo recuerdos felinos que trastornan mi cabeza
el grito de los congos me parte el corazón,
y deseo masticar mariposas
y hundir mi cuerpo en la maleza
restregarme de mañanas sin dueños
arañarme la imaginación que me impulsa al salto
y al asalto del ronroneo y la pereza.

Quiero desaparecerme de mis garras
el olor a verde y la impudicia del agua,

TIGER WITH STRIPES

With this pouring rain for a mirror
downpour of nostalgia and tears
I see myself in the image of a tiger
baring its teeth
and its wingless dragon heart.

I open my mouth to face my war
the doors to my prison,
the surface of my flesh,
my ominous sky,
my eternally upside-down world.

Startled by an odd roaring,
I notice tiger stripes along my body,
and my shaken soul sends ripples down my skin.
Now when I walk, I move like a tiger,
I have disturbing, catlike memories,
the congos' howl is heart-breaking.
I have developed a taste for butterflies
wanting to retreat to the bush
with no demands except morning rubbing
scratching my imagination that urges me to jump
and compels me to lazy snoring.

I want to rid my claws
of the smell of jungle and incessant wetness,

la luz pervertida de la luna entre mis ojos
el vértigo de la música de los pájaros,
el flagelo de soñar todas las noches sin fin.

Y tu figura resbala en mis pupilas,
te veo reflejado en la luz que la luna
estampa en el amanecer de mi río,
o en el lecho profundo de mi ojo cerrado,
y veo caer tu palabra
igual cuando se derriba una muralla
arrastrando lágrimas, relámpagos, algarabía
y desenfrenos, dolor infinito.
Y queda entre mis ojos, en medio de la frente
tu amor como un tatuaje
y es como las manchas del tigre,
es como la lluvia en cascadas,
como la espesura de mi bosque
donde bailo y me estiro, bostezo y corro,
corro sin parar
y salto en busca del vacío,
quizás encuentre mi estrella que se fue a refugiar
hace muchas lunas en los brazos de la muerte,
soy, tigra sola
en danza irreflexiva
con los arrebatos.
Busco su olor y no lo encuentro,
aspiro el aire
y me atravieso la espuma y el rugido del mar,

the dim moonlight from my eyes
dizzying birdsong,
the torment of relentless, nightly dreaming.

And your image shines in my eyes,
I see your reflection in the moonlight
projected on my river at dawn,
deep within my closed eye,
and I see your word crash down
like a tumbling wall
bringing tears, lightning, disorder
and disarray, infinite pain.
And there, right between my eyes is
your love like a permanent mark
and like the stripes of the tiger,
and like pouring rain,
like my thick forest
where I frolic, stretch, yawn, and race,
racing with abandon
and leaping into nothingness,
perhaps finding the star that I lost
long ago at the brink of death,
I am, lone tiger
captivated
by an impulsive dance.
I hunt the scent unable to find it,
I sniff the air,
crossing sea foam and crashing waves,

la selva la tengo en la sangre,
me agito y muestro los colmillos coronados
con los cuernos de la luna,
soy bosque, río, reserva biológica,
Patrimonio de mi sola humanidad,
soy la tigra que busca y espera
la música que tensa el cuerpo de mi guitarra
y bailo, bailo
como araña tejiendo la tela
que te atrapará en el cielo de mi vida,
para engullirte entre el colchón y mi almohada,
entre la tierra húmeda de mi patio
y la hojarasca del lago de Granada,
o en el muelle de San Jorge, Rivas,
debajo de cada tabla despegada.

Ven ratoncito mío, que ya son las 12,
tengo desplegada la mesa de tus pasiones,
el baile de la fiera desnuda
al pie de tu arcoíris.

Tienes que venir volando,
antes que se deshaga el hechizo
y dejes de ser mi Rey León,
mi Rey de la Selva.

I have the jungle in my blood,
I shake my body and show my white fangs lit up
by the horns of the moon,
I am forest, river, biological reserve,
Patrimony of my unique humanity,
I am the tiger that hunts and waits
for music to fill my guitar body
and I dance and spin
like the spider spinning the web
that will entangle you in my life's vision.
I will devour you from bed to pillow,
in the wet earth on my patio
on Lake Granada's leafy shore,
or on the dock in San Jorge, Rivas,
underneath each rotting board.

Come, my little mouse, it is 12 o'clock now,
I have all your desires on display,
the dance of the naked beast
at the end of your rainbow.

Hurry and come now
before the spell is broken
and you cease to be my Lion King
my King of the Jungle.

UN MAGO PARA QUE TE REGALE EL VIENTO

A Francisco de Asís

Con solo verte
soy capaz de convertirme en rosa,
en pájara picoteada de flores
en chorro de fuente de agua saltarina
en ángel lleno de secretos
en demonio lleno de fuego eterno
para cubrir con mis sueños tu cielo desnudo
lamer tu cuerpo torturado de sombras
desnudar tu corazón y estrujarlo contra el mío
ponerme como Cristo
atravesado por sus cuatro costados.

Si eso te tranquiliza
te traeré entre mis manos
con el trinar de los pajaritos
y voy a convertirme en animal para estar a tus pies
arrastrarme la rabia y hundirla en mis pupilas
encerrar la angustia en botellas de alcoholes
y dejar salir al mago
para que te regale el viento.

Con solo verte puedo
atraer los ríos de todo el universo
provocar cataclismos telúricos para conmoverte,

A Magician to Give You the Wind

To Francisco de Asís

The mere sight of you
is enough to turn me into a rose
in a flower pecked bird
into a cascading waterfall
into an angel full of secrets
into a demon full of fire and brimstone
to cloak my dreams in your naked heaven
licking your tortured body in the shadows
undressing your heart and embracing it with mine
offering myself up
like the crucifixion of Christ.

If you find comfort in that
I will carry you in my arms
with birdsong
transforming myself into an animal at your feet
dragging my rage and burying it in my pupils
storing anguish in alcohol bottles
and releasing the magician
who can give you the wind.

At the mere sight of you
I have power over every river in the universe
power to trigger earthquakes to move you,

hacer que las aguas de todo un continente
a mi vengan para bañarte con el incienso,
el oro y la mirra de sus corrientes
y tenerte nudito, nudito para mi solita.

Con solo verte puedo
vestirte con mis 37 años mágicos de casada
vestirte de pájaro para ir a tu ventana
vestirte de noche para temblarte de frío
vestirte de torre grande y lejana,
para escalarte una y otra vez,
evadiendo trampas y espejos.

Con solo verte quiero vivir
bajo tu piel
para que el paso de los años me conserve niña
danzarina, bruja, maga,
lágrima y vitral,
y así poder subir al cielo
a traerte entre mis manos el ruido del mar
el olor de la sal, el color de las conchas
y sus piedritas
y hacer de la comedia humana mi agonía.

Me importa poco el paso de los años
los días del almanaque y las punzadas del corazón
quiero tener al sol como bandera
y regalártela a mis puños como ejército defensor
de la soberanía de mi casa y ser el único pájaro
que vuele en el recorrido del último peldaño.

to draw all the water from the entire continent
to bathe you in its currents of incense,
gold, and myrrh,
and to tie you in a tiny knot for me alone to hold.

At the mere sight of you I have the power
to dress you with my 37 magical years as a wife
to dress you as a bird to perch at your window
to dress you in night to tremble in the cold
to dress you as a tower, tall and distant,
just to climb you again and again,
evading smoke and mirrors.

At the mere sight of you I want to dwell
under your skin
to remain a child through the passing years,
dancer, sorceress, magician,
teardrop, and stained-glass window
to climb my way up to heaven
to bring you the sound of the ocean
the smell of salt, the color of seashells
and tiny stones
and to make the human comedy my agony.

I am not the least concerned about age
days of the almanac and heartache
I want to carry the sun as my banner
and hand it to you to raise up my fists to defend
my home and to be the only bird flying
on the journey to the final rung.

DESCIFRANDO LOS ENIGMAS

Yo he sido vendaval en noche cerrada
jinete en guerra de lunas
he tomado varias veces la mano del mundo
y guardado en un puño el asombro y el silencio.

Con Odiseo he oído el cantar de las sirenas
he visto partir los barcos, subir las mareas
y atracar en costas peligrosas
entonces me has hecho desdibujar mi brújula
tragarme el mar
y sus profundidades,
naufragar mis amaneceres
detener la lluvia que tiñe mis pestañas
levantar murallas con el alma en pena
entregar la plaza
y detener el tránsito de los sueños
embrujados con las húmedas raíces de mi historia
oyendo el silencio de un reloj de arena
que me hace sentir un desasosiego,
tejiendo y destejiendo sueños
por las tardes, noches y madrugadas frías.

¡Ah! tengo el alma desnuda
saliendo y entrando por la ola de los sueños
descifrando en la arena los enigmas que me envías.
¿Por cuál rendija de la luna
me vigilas?

Deciphering Enigmas

I have been a windstorm on a dark night
I have ridden through a war of moons
so many times I have taken the world by the hand
holding wonder and silence in my clenched fist.

Like Odysseus, I heard the sirens' song
I saw ships set sail in rising tides
and moor on perilous shores
then you disrupted my compass
I was forced to swallow salt water
from the deep sea,
to shipwreck each new day
to block the rain that clouds my gaze
to build walls with my tormented soul
to lose everything,
even my dreams
caught up in the murky roots of my history
hearing only the silence of an hourglass
that leaves me filled with unease,
weaving and unweaving dreams
on cold morning, afternoons, and evenings.

Oh! My soul is naked
coming and going with the tide of dreams
deciphering enigmas you leave in the sand.
From which crack in the moon
do you spy on me?

Sé que me recorres una a una, tuquito por tuquito.
cada parte de mi cuerpo.
Y se detienen de nuevo los sueños
en este camino que los lleva al naufragio,
y enderezo solitaria el barco
que vuelve de nuevo a surcar el infinito.

Suéltame las alas, suéltame las lianas
déjame ser árbol plantado sobre el lecho
déjame ser bruja, maga con pociones y embrujos,
déjame ser trampa para tu regocijo
para poder ir y volver arisca en tu memoria.
Mira mi barco
que navega solitario.
Tráeme de nuevo el mar,
oigamos el choque de las olas,
el secreto de los pájaros de la montaña mágica
lee de nuevo las líneas de mis manos,
baila conmigo desnudo
ven extiende tus manos
deposito en ellas los secretos de la noche
el misterio del mundo
la profundidad de la oscuridad
y mi alma con la música del llanto.

I know you are eyeing me from top to bottom,
every inch of my body.
And once again my dreams run aground
on their shipwreck course
and I right the ship myself
to resume its route to infinity.

Let go my sails, cut free my ties
that I may be a tree firmly rooted
a sorceress, a magician with spells and potions,
to trap your pleasure
coming and going as I please from your memory.
Observe my solitary ship
that navigates these waters.
Bring me the sea again,
let us listen to the crashing waves,
the secret of birds from the magic mountain,
read my palm again,
dance with me naked
come, reach out your hands
that I may fill them with nocturnal secrets
the mystery of the world
the deep dark night
and my soul with the music of weeping.

En la montaña de las Brumas de Estelí

A Álvaro Urtecho

I

Con el corazón entre los dedos,
llegamos a la cima del mundo.
He colgado mis miserias
en el ojo de esta luna transparente
y tirado con desdén mis angustias
a un lado de las nubes.
Pienso dormir en ellas.
Revolcarme de dolor o de alegría,
jugar al volandás o chimpilicoco
o por lo menos,
tener mis pensamientos amorosos
(mi hija allá lejana,
y mis hijos lejos, mi corazón hecho trizas,
dividido como sandía destrozada).

Que mis sueños cabalguen esta noche,
arrullados por el ruido fantasmal de los grillos,
hasta donde lleguen los límites
de mi corazón abierto en pampas
Estoy de nuevo en la Cima del Mundo.
En la Montaña de Las Brumas de Estelí,

IN THE MOUNTAIN MIST OF ESTELÍ

To Álvaro Urtecho

I

Heart in hand,
we reach the top of the world.
I have laid my misery
in the eye of this transparent moon
and cast off my anguish
beyond the clouds.
I intend to sleep in them.
Reeling from agony or joy,
playing childhood games of *chimpilicoco* or *volandás*
or, at least,
thinking loving thoughts
(my daughter far away,
and without my sons, my shattered heart,
split open like a watermelon.)

May my dreams gallop tonight,
to the haunting sound of crickets,
to the distant limits
in the pampas of my open heart.
I am once again on Top of the World.
In the Mountain Mist of Estelí,

equidistante del Quiabuc, lejos del Tisey
y lejos del Guarumo,
entre el mundo de los vivos
y la eternidad imaginaria,
entre la realidad trágica de mi Patria
y lo fantasmagórico de lo creíble y la mentira
entre el inventario del mundo de los vivos,
seco, árido, despalado y destructivo
como un cuadro gigantesco de Dalí
y el abismo de lo fantástico y del mito.

Aquí en Estelí, tierra de mi Nicaragua,
vuela mi ojo hacia el infinito
sin encontrar límite que lo contenga
y con un corazón colgado como relicario
donde guardo los colores
del crepúsculo y del ocaso
las lágrimas de la vida y de la muerte,
la imaginación y la risa de los míos,
los nombres de los que se fueron,
las añoranzas de los que están vivos,
la raíz de mi origen,
y la savia oculta del pozo de mis deseos;
no vaya a ser que en este despale inmisericorde
hagan que desaparezcan para siempre.

in the center of Quiabú, far from Tisey,
far from Guarumo,
between the realm of the living
and eternal imagination,
between my Homeland's tragic reality
and the phantasmagoric nature of truth and lies
that belong to the realm of the living,
dry, arid, deforestation, and destruction
like a giant painting by Dalí
and the abyss of the fantastic and myth.

Here in Estelí, heartland of my Nicaragua,
my eye rises to infinity
limitless
and I carry my heart like a relic
where I hold the colors
of twilight and sunset
tears of life and death,
imagination and my loved ones' laughter,
the names of those who have passed on,
the yearning of those still living,
the root of my origin
and the hidden essence in the well of my desire;
lest all this merciless destruction
take them from me forever.

II

Se van, vuelan mis sueños
navegando como góndolas entre las nubes
llevando tan solo
el registro del viento y su violencia,
donde el eco es como una espiral
que se engulle al mundo.
Y la inmensidad de esta tierra despalada
y la voluptuosidad de su tristeza,
dan rienda suelta a mi nostalgia
y a mi furia interior.

Aquí estoy, en el Cerro de las Brumas,
 en estas montañas,
donde hace ya muchas lunas,
no penetraba la uminosidad del día,
y el rocío bastaba para desencajar
el mar del llanto,
de las ánimas en penas,
donde desembocaban las pasiones de la vida.

II

My dreams set forth, they soar
navigating clouds like gondolas
carrying nothing more
than wind and its violence,
where the echo is like a spiral
consuming the world.
And the immensity of this deforested land
its voluptuous sadness,
unbridle my despair
and my hidden rage.

Here I stand, in the Hills of Mist,
these mountains,
where so long ago,
daylight never entered,
and dew was enough to unleash
a flood of tears,
from souls in despair
life's passions flowing like a river into the sea.

MIS ÁNGELES Y MIS DEMONIOS

Yo tengo sueños azules y de paraísos
sueños con cajitas de música
con cofres y barquitos solitarios
con sombras de figuritas de animales
y con rostros afilados
y cuerpos que ruedan al vacío.
Ahí he atrapado la noche y los conjuros
he desbaratado la soledad
a los ángeles y a los demonios
pero se levantan con chorros de luces
y vuelan secretamente con música de Bach.
De ahí salen fantasmas blancos y púrpuras
ebrios de luna y con flores rojas
ansiosos de galopar la noche y las estrellas
de saltar el amarillo
el mar de la inconciencia.
En las rendijas de mi alma guardo esos sueños,
atrapo el silencio y lo hundo en mis puños.
Abro en pampas las puertas de mi alma
las heridas de heliotropos.
Despierto el cuerpo dormido
y reanudo el goce que da la libertad
el paso de la vida por mi puerta
en medio de la luz de la luna
en su cuarto menguante.

My Angels and My Demons

I have blue dreams, dreams of paradise
of music boxes
of treasure chests and lonely boats
of shadow animals
and long faces
and bodies that fall into the abyss.
That is where I captured night and incantations
I have broken the solitude
of angels and demons
only to have them rise up in beams of light
flying secretly in the music of Bach.
White and purple ghosts emerge there
drunk on moonglow and bearing red flowers
eager to gallop the night and the stars
to jump the amber
sea of the unconscious.
I hide those dreams in the furrows of my soul,
where I trap silence buried in my clenched fists.
As I open wide the doors to my soul
bloodstone wounds.
I awaken the sleeping body
reviving the joy that comes with freedom
life entering through my door
in the light of the waning
crescent moon.

Prisionero del paisaje

A John Milton

I

Perdí el paraíso Señor
perdí el paraíso
y ni un solo lamento
he dejado escapar
ni un solo golpe
ni un aullido de dolor.
Por los siglos de los siglos he tenido
el alma desgarrada,
me ofreció el fruto de la ciencia
el fruto del bien y del mal
y en un instante, en un segundo
me vi en la eternidad sin ella…
¿De qué me serviría el paraíso sin ella?
Me ofreció el fruto y me vi como bandera
sin tierra, y sin historia
sin ella no tendría razón el paraíso
ni mi vida,
ni la de mi descendencia,
ni la descendencia
de mi descendencia.
Perdí el paraíso para siempre
perdí el paraíso Señor.

PRISONER OF THE LANDSCAPE

To John Milton

I

I fell from paradise Lord
I fell from paradise
yet I have not let out
even the faintest of cries
not even one bellow
not one painful howl.
My soul lies in tatters
forever and ever,
I was given the fruit of science
the fruit of good and evil
and at that moment, in that instant
I found myself without a soul for all eternity…
What good is paradise without a soul?
I was given the fruit and found myself alone
a nation without a flag, without history
paradise is worthless without a soul
my life is worth nothing,
like that of my descendants,
and the descendants
of my descendants
I fell from paradise Lord
I fell from paradise.

II

> *"Había supeditado la obediencia a Dios, a la seducción de la mujer"* John Milton.

Que miras en la distancia Adán
con esos ojos brillantes como si soñaras
prisionero del paisaje
y de la luz almerana de tu paraíso perdido.
Comiste del fruto prohibido
el fruto del bien y del mal
el fruto del conocimiento
y supiste lo que es y vale la libertad.
Y caíste derrumbado al saber que habías perdido
el rocío de tu cielo
el amanecer de tus aguas tranquilas
el verdor cerrado de tus bosques
los trinos de las aves del paraíso
la dulzura de la voz de Dios llamándote.
Y en el iris del ojo de la amada
te vistes en la inmensidad del tiempo
sin el sonido de sus pasos en el viento,
con su imagen, su olor y su sabor
perdidos para siempre.
Y flaqueó tu alma.
¿Tan terrible es el amor?
¿Tan penosa la soledad?
Tu cuerpo de tierra, de agua, de barro, de lluvia.

II

> *"Obedience to God rested on the
> seduction of women" John Milton.*

What do you see in the distance, Adam,
with that light in your eyes as if in a dream
prisoner of the landscape
illuminated by your paradise lost.
You ate the forbidden fruit
the fruit of good and evil
the fruit of knowledge
you discovered and paid the price of freedom.
And you fell from grace discovering that you lost
the dew of heaven
the dawn of your tranquil waters
the quiet green of your forests
the chirruping of birds of paradise
the sweet call of God's voice.
And in the iris eye of your beloved
you are surrounded by the vastness of time,
having lost the sound of footsteps in the wind,
image, scent, and taste,
lost for eternity.
And your soul was weak.
Is love so terrible?
Solitude so painful?
Your body made from earth, water, dust, and rain.

Polvo era y en polvo se convertiría
y morirías a tu tiempo
comerías el pan con el sudor de tu frente
volverías al barro
pero con ella, junto a ella por siempre
las aguas del mundo les darían sepultura.

Ashes to ashes and dust to dust
and you would die when it was your time
you would eat your daily bread
you would return to dust
but with her, together forever
buried in the waters of the world.

RENACIMIENTO

Recién ocurrido los hechos de pesadilla
se me abrió una herida profunda en el alma
diario me lamía y relamía
como una animala sola.
Pero la tristeza me envolvía totalmente.
Era como un árbol sin hojas,
como una tormenta
que me desbordaba por los ojos,
por las manos, por el movimiento del cuerpo
por la forma de ver sin ver,
por la forma de apretar las manos.
Limpiándome el alma
y hundiéndola diario
en el pozo del olvido
en el ataúd vacío sin cuerpo
en el hoyo que se abre en la tierra
esperando su raíz
hasta que un día cerré de golpe los recuerdos
golpe seco, que hizo tambalear los astros
y dejé de ser un fantasma,
un manuscrito viejo lleno de polvo
enarbolé mi bandera
y vestí mi soledad de fiesta.
Y me fui al mundo de nuevo.
Entonces conocí el amor.

RENAISSANCE

In the wake of the recent nightmarish events
I felt a wound split open deep within my soul
day after day I tried to console myself
like a lonely animal licking its wound.
But I was overcome by utter sadness.
I was like a tree stripped bare,
as if a rainstorm
flowing from my eyes,
from my hands, from the movement of my body,
from my vision without seeing,
from the way I clench my fists.
Cleansing my soul
and throwing it ach day
into the well of forgetting
in the empty casket with no body
in the furrowed soil
awaiting its root
until one day I slammed the door on my memories
so hard it shook the stars
and I ceased being a ghost,
a forgotten manuscript covered in dust
I raised my flag and dressed
my solitude for a celebration.
And I went out into the world again.
Then I found love.

Y los besos me hicieron juntar
mis piezas rotas
y mi protesta fue su protesta
y su protesta fue mi protesta
le dimos rienda suelta a la imaginación
a hacer de la noche
el reino de las mil y una noche
el reino de la nostalgia, de los sueños,
el milagro del renacimiento
que junto con la poesía
son el ángel de la guarda de mis miedos
de mi esperanza, de mi historia.
Brindo por vos amor mío
río de mis desbordes incontenibles
túnel por el que confundí al Minotauro.

And greetings of kisses helped me
piece myself back together
and my protest was their protest
and their protest was my protest
we gave our imagination free rein
to turn night into
the kingdom of a thousand and one nights
the kingdom of nostalgia, dreams,
the miracle of the renaissance
that together with poetry
become the guardian angel of my fears
my hope, my history.
I will raise a toast to you my love
river for my passion overflowing
tunnel where I escaped the Minotaur.

Canción

I

El tiempo no será capaz
de consumir mi canto
ni Orfeo con la muerte
podrá palidecer la llama.
La vigilia es verde
al pie de la ventana
a veces pienso
en el color tenue de la lluvia,
en las mariposas
que volarían de mis manos,
como en lo breve del paso al desvarío.
Se iluminan con luz de quiebraplata
y música de grillo los claros de luna.
Se mantiene el brillo
y el color de las pupilas
en la conquista del amor eterno
la fragancia será siempre fresca
al olor y al tacto de los sexos...
¿Es el amor fuente eterna de la vida?
Surtidor sin tiempo
que hace girar al mundo sin reposo
me preparo a este leve amanecer,
identifico mi estrella este verano
atrapo esos sueños que se desvanecen
y guardo los presagios en mis libros

SONG

I

Not even time itself
could silence my song
nor the death of Orpheus
fade my flame.
The verdant vigil
at times
reminiscent
of rain's subtle hue,
of butterflies
emerging from my hands,
like a brief bout of delirium.
Firefly light and cricket song
illuminating moonlight.
Pupils reflect light
and color in
the pursuit of endless love
the aroma always fresh
as sexes smell and touch…
Is love the eternal fountain of life?
Timeless spring
for the world's endless rotation
I gather myself at first light,
to find my summer star
clutching dreams before they fade
recording prophecies in my books

tengo una solo mirada
y en ella un candor que quiero que perdure
un canto sin incendios ni premuras
ante el espejo me miro y me desnudo
toda mi raza y mi sangre
fantasmas que de siempre me persiguen
juntan sus rostros en mi rostro
y me esparcen de luz más transparente
como un acto de teatro, amoroso
pleno y lleno de humanidad.

I have only one gaze
filled with an innocence I do not want to lose
a song neither frenzied nor in haste
I look at myself in the mirror, naked,
my flesh and my blood
spirits that have always surrounded me
their faces become one with mine
they bathe me in the most transparent light
like a theatre of love,
of complete and utter humanity.

II

Tres veces te besé
tres veces me negaste
claro de luna
asombro de un sueño al revés.

Hoy tiro mi lanza y mi guante
cierro los ojos sin fortuna
y al corazón verde del árbol
le arranco los sueños uno a uno.

Terrible el tiempo perdido
con relicario engalanada
nada tiene sentido
mejor de los sueños me olvido.

Por eso soy lo que soy
mujer, fuerte mujer, mujer
como el cielo es cielo
y el mar, mar.

He ido lamiendo el dolor
y buscando el paraíso
lancé al agua mi velero.
De brisas, risas, hierro
partí a mi corazón de cielo
y se deshizo el hechizo.

II

Three times I gave you a kiss
three times you were remiss
upside-down distress
of a moonlight dream.

I am throwing down the gauntlet
I am closing my eyes to their fate
one by one felling dreams
from the green tree heart.

Terrible time lost
on an ornamental relic
there is no logic
I am better off dreamless.

That is why I am who I am
woman, a strong woman, woman
as heaven is heaven
and the ocean, ocean.

I licked my wounded pride
and seeking paradise
set off to sail.
With tailwinds, laughter, and steel
I split my heart of sky
and broke the spell.

Claro de luna
no te asombres de mi asombro
mi corazón es la cuna
de mi cruzada interior
y el ocaso de mis escombros.

Soy un puerto sin barco
carta marcada en frío
veo partir los navíos
a las palomas volar, volar
y es tan raro mi pesar
que olvido, olvidar, olvidando.

Por eso soy lo que soy
mujer, mujer
como el cielo es el cielo
y el mar, mar.
Quiero un beso de tu boca boca
para cantar el cantar de los cantares
con mi corazón siempre en vigilia
un beso tuyo de tu boca boca
con todo el pesar de los pesares
y olvido, besar, besando.

La luna se viste de espuma
el mar se viste de luz
y no creo en tus ojos
ni creo en tu cruz
por eso soy lo que soy

Moonlight
be not distressed by my distress
my heart is the source
of my inner plight
and the twilight of my ruin.

I am a ship without a port
a blank navigation chart.
I watch as ships depart
as doves take wing, flying
and such is my regret
that I forget, forgetting, to forget.

That is why I am what I am
woman, woman
as heaven is heaven
and ocean, ocean.
I seek a kiss from your mouth, mouth
to sing the song of songs
with my heart I long
For your kiss, your mouth, mouth
in spite of all of this
and I forget, kissing, to kiss.

The moon is covered in sea foam
the sea is covered in the light of the moon
and I do not believe in your eyes
and I do not believe in your cross
that is why I am what I am

mujer, mujer
como el cielo es cielo
y el mar, mar.

woman, woman
as heaven is heaven
and the ocean, ocean.

Un mundo de colores para tu alma

I

Despierto a medianoche,
con el alma desnuda extiendo los brazos
queriendo alcanzarte,
una estrella lejana
ahueca la tristeza con sus manos.
Cabalgo la noche
hasta chocar contra la espuma
que tomo con mi boca y me transforma en ola.
Abro la puerta de mis sueños
y como Cruzada sin nombre marcho
por la noche oscura.

A World of Colors for Your Soul

I

I awaken at midnight,
my soul naked as I reach out
hoping to find you,
a distant star
carving out sadness with its hands.
I mount night
seeking sea foam
for my mouth, transformed into a wave.
I open the door to my dreams
and like an unnamed Crusade ride
the dark night.

II

He querido nombrarte mi escudero
para que atrapes luciérnagas encantadas
ahuyentes los signos,
las ánimas en pena
ahora lo quiero todo verde
verde como el musgo que viaja con las olas
verde como la madrugada
verde como los campos serenos de mi niñez,
en Rivas,
verdes como luz de luna
verde como árboles que rodeaban
los ríos de mi tierra
como al principio, cuando Dios hizo el mundo.
Te abro las puertas escudero
para que dejes entrar el arcoíris
y el viento sacuda mis ansias
vuele las cenizas de mis llantos
y pueda yo escribir tu nombre.

II

I wanted to make you my squire
to capture enchanted fireflies
to banish ill fortune
tormented spirits,
I want everything green now
green like moss flowing on water
green like morning
green like the tranquil countryside of my youth
in Rivas,
green like moonlight
green like trees along the rivers
of my homeland
like the beginning, when God created the world.
Squire, I will open the doors for you
to let in the rainbow
and for the wind to drive out my fears
carrying the ashes of my tears
and so that I may write your name.

III

Treinta años juntos
una vida entera.
Y no puedo negar la guerra y la paz
el fuego y las cenizas,
la guerra de las rosas
la guerra por la independencia
la guerra porque yo soy yo
y vos sos vos
la guerra por la bandera de la libertad,
las disculpas
las reconciliaciones
la alegría ante el crepúsculo,
el mismo pensamiento
la misma antorcha
las mismas manos empuñándolas.
Treinta años juntos no son nada,
y es la vuelta al mundo y su firmamento,
y veo palomas blancas volando al infinito
y mi humildad aplastada por la rabia
y la rabia aplastada por la amistad incólume
y mi piel como volcán iluminado
y mi fe y mi esperanza.
Todo lo veo escrito en tu corazón:
Así es la vida
no hay pierde
soy una rosa con corazón de tigra
y para vos una fiera por domar.

III

Thirty years together
a lifetime.
And I cannot deny war and peace
fire and ashes,
the war of roses
the war of independence
the war because I am who I am
and you are who you are
the war for the flag of freedom,
apologies
reconciliation
joy at twilight,
the same belief
the same insight
the same hands brandishing them.
Thirty years together are nothing,
and traveling the world and its firmament,
and I behold white doves soaring to infinity
and my humbleness crushed by rage
and rage crushed by impeccable friendship
and my skin like a live volcano
and my faith and my hope.
I see it all written on your heart:
That is life
there is no losing
I am a rose with a tiger's heart
and for you a beast to tame.

IV

Millones de disculpas pueblan mis noches
las nubes viajeras me hacen señales
con ellas en el cielo,
y escribo, escribo,
pongo primero tu nombre
y lo mezclo con la miel del olvido,
te de rosas, te de jazmines
cólera y tranquilidad, tristeza y alegría
ganas de matar y de estrangular
neblina del infierno
un verso, otro verso,
y te busco y no hay nadie
páginas en blanco solamente, unas tras otras,
y las puertas del cielo entre mis manos.
Soy tu centro, lo profundo de tu mar,
el corazón de tu volcán
y mi vida es tu vida,
y ya son una nuestra historia
y las líneas de tus manos y mis manos
son las mismas.
En este sueño, despliego mi bandera
conquistada pieza a pieza.
Yo he hecho un mundo de colores para tu alma.
Es tiempo de vivir amor mío.

IV

Millions of apologies occupy my nights
passing clouds remind me of them
from above,
and I write, I write,
penning your name first
and blending it with honey and forgetting,
rose tea, jasmine tea
wrath and tranquility, sorrow and joy
the desire to kill, to strangle
infernal mist
a verse, another verse,
and I search for you and there is no one there
but blank pages, one after the other,
and the gates of heaven in my hands.
I am your center, the depth of your sea,
the heart of your volcano
and my life is your life,
and they are already our shared story
and the lines on your hands are my hands
one and the same.
In this dream, I unfold my flag
conquered one inch at a time.
I have made a world of colors for your soul.
It is time to live my love.

Nunca más

En homenaje a David Tejada y al Dr. Fernando Cedeño, testigo
del asesinato del mártir David Tejada Peralta en 1968,
y luego él mismo
asesinado por la guardia genocida somocista.

Uno de los cuentos que me hacían
cuando estaba niña
era de cómo se morían las estrellas,
era fantástico, pero me producía pesadillas.
En mi inocencia,
en mis sueños, trataba de encerrarlas en un cofre
para que no las encontraran
y tiraba la llave al fondo del mar.
esto era mágico para mí.

Ha pasado mucho tiempo desde entonces,
pero hace poco desperté afligida
porque en mis sueños
habían escapado las estrellas de los cofres,
y con ellas una historia vivida
que estaba envuelta en la niebla,
en el infierno del olvido
que estaba atrapada en un rincón de mi corazón.

Esa noche se abrieron puertas y compuertas
y como un chiflón, como una exhalación,
escaparon presurosas mis estrellas,
como viento del desierto levantando arena

NEVER AGAIN

> *In memory of David Tejada and Dr. Fernando Cedeño, witness to the murder of martyr David Tejada Peralta in 1968, subsequently assassinated himself by Somoza's genocidal guard.*

One of the stories
I heard as a little girl
was about the death of stars,
fantastic as it was, it gave me nightmares.
In my innocence,
in my dreams, I attempted to hide stars
in a chest
tossing the key into the deep sea.
This was magic for me.

Many years have since passed,
but recently I awoke upset because
in my dream,
the stars had escaped from the chests,
bringing with them a true story
one shrouded in fog,
in the inferno of forgetting
that lay trapped in a corner of my heart.

That night the floodgates opened,
and like an exhale, pouring out
my stars made a quick escape,
swirling sand like a dust devil

produciéndome quemaduras en el cuerpo.

Esta noche infernal no tiene un solo escondite,
el sueño vuelve y me impresiona:
"Se lo llevó la Guardia preso con su hermano,
se lo llevaron a empujones, montones de guardias.
Todo mundo lo vio y están desaparecidos".
Semana Santa cruel,
vía crucis por Managua,
de radio en radio, de periódico en periódico
de cárcel en cárcel,
otra vez, y otra vez.
De nuevo la misma historia de cuando niña.
Hasta la mismísima Casa Presidencial.
"Nadie lo tiene, aquí no está, quieren perjudicar
a la Guardia,
Búsquenlo, búsquenlo, búsquenlo".
Nada, nada, nada, nada.

Una noche fui citada de manera secreta
a una entrevista con el médico
de la Guardia Nacional,
lugar secreto,
jurar, jurar, jurar, jurar, jurar, no decir nada,
no decir nada
"Él está muerto, lo mataron, lo masacraron, está
       muerto, despedazado,
pero su hermano está vivo ¡Lo tiene la Guardia!
¡Hay que salvar a su hermano!", dice el médico.

piercing my flesh.

There is nowhere to hide on this infernal night.
the dream returns, overwhelming me:
"The Guard arrested him along with his brother,
there were a lot of soldiers, pushing and shoving them.
Everyone saw it and they are now disappeared."
Cruel Holy Week,
stations of the cross through Managua,
going from radio station to radio station,
newspaper to newspaper,
prison to prison, again, and again.
The same old story from my childhood.
Even the very same Presidential Palace.
No one has him, he is not here, they want to
make the Guard look bad,
look for him, look for him, look for him."
Nothing, nothing, nothing, nothing.

One night I secretly contacted
a National Guard physician,
for an interview
in an undisclosed location,
promise, promise, promise, promise, promise,
not a word, not a word,
"His is dead, they killed him, they executed him,
he is dead, butchered,
but his brother is alive. The Guard has him!
Save his brother!" the physician says.

Hay que salvar a su hermano es la orden
de mi corazón:
tienes que actuar, tienes que moverte,
tienes que gritar,
Hay que estremecer a la nación.
Hay que estremecer la conciencia del mundo
para que nunca ocurra, para que no suceda
nunca más,
para que lo sepan las piedras, las nubes,
los árboles
las hojas, el viento, los hijos,
los hijos de los hijos,
las madres, los padres, el pueblo entero.

Para que el hombre queme su mala levadura.
Para que mate el animal que lleva dentro.
Para que los hombres sean hombres y no bestias.
Para que no olvidemos, para que no olvidemos.
Para que no olvidemos, para que no olvidemos.
Para que nunca ocurra más,
para que nunca ocurra más.
Para que nunca ocurra más,
para que nunca ocurra más.
Para que no lloremos por nuestros hijos,
para que no lloremos.
Por nuestros padres,
para que no desparezcan a nuestros hermanos.
Para que nunca más, para que nunca más,
para que nunca más

I take the order to rescue his brother
to heart:
you have to act, you have to move,
you have to speak out,
The nation must be warned.
The conscience of the world must be warned
to stop it from happening,
from ever happening again,
to warn the rocks, the clouds,
the trees,
the leaves, wind, children,
the children of their children,
mothers, fathers, the entire population.

For mankind to burn its rotten leavening.
To kill the beast within.
For men to be men and not animals.
So we never forget, so we never forget.
So we never forget, so we never forget.
So it never happens again,
so it never happens again.
So it never happens again,
so it never happens again.
So we are not forced to weep for our children,
so we do not weep.
For our parents,
so that they our brothers are not among the dis-
      appeared.
Never again, never again, so that never again

nuestro suelo patrio se llene de sangre.
Para que no sangren nuestros corazones, ni lloren
nuestras almas.

Hay que hacer marchas, hay que tirarse a la calle,
hay que denunciar, que aparezcan nuestros deudos,
que nos entreguen a los detenidos,
demos los nombres de los esbirros,
gritemos los nombres de los torturadores
señalen nuestras manos a los ejecutores
señalen nuestros dedos al criminal
y sus conjurados.

Consejo de guerra a los señalados.

Está muerto, está muerto, está muerto.
Su cuerpo despedazado, pedazo a pedacito
y para ocultar el delito
lanzado al cráter del Volcán.

Horror de los horrores.
Grito, grito, grito, grito
grito, grito, grito, grito, grito, grito,
que llegue hasta el cielo, que conmueva
a los mares,
que se estremezcan los bosques,
que lloren los ángeles, que lloren el sol
y las estrellas,
alarido, alarido, alarido, alarido, alarido, alarido,
desgarro, desgarro, desgarro, desgarro, desgarro.

will our homeland run red with blood.
May our hearts not bleed, may our souls
not weep.

We must protest, we must take to the streets,
We must speak out, to find our relatives,
so they hand over the prisoners,
let us identify the henchmen,
shout the names of the torturers
point out the executioners,
the criminals
and the collaborators.

Court-martial the guilty ones.

He is dead, dead, dead.
His butchered body, dismembered
and to hide the crime
thrown into the mouth of the Volcano.

Horror of all horrors.
Shout, shout, shout, shout
shout, shout, shout, shout, shout, shout
to reach the heavens,
to move oceans,
to shake forests,
to make the angels weep, to make the sun
and the stars cry,
cry out, cry out, cry out, cry out, cry out, cry out,
in pain, pain, pain, pain, pain.

Hay que salvar a su hermano me dije
y a mi corazón:
luchar, está vivo, está vivo, está vivo,
que lo presenten,
Que lo entreguen, que lo entreguen,
que lo entreguen.
Cae de bruces mi pobre alma, mi pobre cuerpo
Mi corazón de niña se hizo una cascarita.
Los fantasmas de los muertos
Me acariciaban la cabeza.
Nicaragua, había llegado por el túnel de la
vergüenza hasta el final.

No pudimos enterrar su cuerpo.
Pero su hermano fue liberado.

Por mi parte, recogí mi corazón
que como decía Vallejos,
se encontraba tirado debajo de un zapato viejo.
Mi padre me recibió esa noche con un abrazo
y un beso
y lloramos los dos interminablemente.
Luego me senté a esperar en la oscuridad
la llegada del nuevo día.

Gloria Gabuardi
A 30 años del triunfo de la Revolución.
A 20 años de la pérdida de la Revolución.

You have to save his brother, I told myself and
my heart:
fight, he is alive, he is alive, he is alive,
say where he is,
Hand him over, hand him over,
hand him over.
My poor soul, my poor body collapses
My heart as a little girl covered in a scab.
Ghosts from the dead
Stroked my hair.
Nicaragua, at the end
of the tunnel of shame.

Though we could not bury his body
his brother was freed.

And I gathered my heart that,
like Vallejos said,
lay forgotten under an old shoe.
My father greeted me that night with a hug
and a kiss
and we wept uncontrollably.
Then I sat in darkness to await
the arrival of a new day.

Gloria Gabuardi
30 years after the triumph of the Revolution.
20 years after the defeat of the Revolution.

Quiero ver el día con el color del ámbar

A veces es difícil acomodarse
a la edad real del cuerpo
cuando se tiene un espíritu ligero
un alma libre que ambiciona siempre
asaltar el universo.

A veces el cuerpo, con heridas y cicatrices
y un corazón con sed y quemaduras
retrocede lleno de vértigo
y quiere un rincón donde respirar tan sólo.

Pero el alma, desafiando las mentiras,
las deslealtades, la traición y el fracaso
acepta el reto, el impulso de la vida
que salva del naufragio
y como en un bosque de mariposas
lanza en ristre va hacia el mundo.

A veces quiero juntar
mi cuerpo y mi alma
para que no vivan separados
a mi cuerpo que a veces desfallece
y no lo conmueve el titilar de las estrellas,
ni las figuritas de cristal
que hacen las nubes con el viento,
y a mi alma que es un ángel.

I WANT TO SEE THE DAY THROUGH AMBER EYES

Sometimes it is difficult to adjust
to your biological age
when you feel young at heart
when you are a free spirit always wanting
to take on the world.

Sometimes the body, wounded and scarred,
with a weary heart, weakened by thirst,
needs a break from all the commotion
and wants a quiet place to just breathe.

But the soul, facing deceit,
disloyalty, betrayal, and failure,
accepts the challenge, life's energy
comes to the rescue
and as if in the heart of a butterfly forest
prepares for battle.

Sometimes I want to merge
my body and my soul
that they do not go their separate ways
my body that sometimes fails me
that is unimpressed by flickering stars,
or healing crystals,
and my soul that is an angel.
Que vivan dentro de mí,

para que tengan un horizonte juntos
para que las luciérnagas del norte y el sur
del oriente y el occidente sean antorchas
en su caminar
para que disipen las gotas de lágrimas
que intenten salir a luz
para que cuenten o inventen historias
despampanantes como un Hollywood de mi casa,
para que puedan ver a las palomas batir sus alas
y que en un poema todo quede dicho.

Aquí está la página en blanco
para escribir un mundo de fantasía,
y para poder leer con mis ojos
las delicias del tiempo
y empezar de nuevo el viaje
y encontrar el misterio terrible del amor.

Por favor júntense alma mía y cuerpo mío
y así pueda ver la noche sin temor,
y pueda separar la mentira de la verdad
y la verdad de la mentira
para que pueda huir del dolor
que corre en el crepúsculo
y la cajita de música guarde mi ternura.

I want them to live in harmony
to see the same future
for fireflies from all directions
east west north and south to light their way
to dry my tears
that threaten to appear
to tell or invent stories
as thrilling as Hollywood at home,
so that they can see doves take flight
and for a poem to say all there is to say.

Here is the blank page
to write a fantasy world,
so that with my own eyes, I can read
the delights of time
and resume the journey
to find love's grand mystery.

Please, body and soul, become one
that I may face night without fear,
and that I may tell truth from lies
and truth in lies
that I may escape the pain
entering twilight
and that I may fill a music box with tenderness.

Para que pueda ver los ríos que corren
con música de cielo
las iglesias que guardan la luz del sol
para que nuestros corazones tengan
un cofre donde guarden el asombro
con historias y esperanzas,
y que todo puede haber sido y puede ser
y así pueda correr desnuda con la luz del viento
 me pueda envolver con la luz de la luna
y contemple el día cubierto por el color
del ámbar.

May I see rivers flow with
heavenly music
churches filled with sunlight
may the treasure chest in our hearts
hold all the wonder
of stories and dreams,
and may anything be possible
so that I may run naked in the wind
wrapped in moonlight
contemplating the day through
amber eyes.

Soñando atrapar una estrella

A mi padre Humberto Gabuardi

Es imposible
borrar la memoria.
Mi padre que fue un luchador
fue muchas veces encerrado tras las rejas,
incomunicado, torturado,
sus derechos violados
y en sus ojos siempre había una llama ardiendo.
Yo tenía entonces cuatro años y
de la mano de mi madre llegaba a visitarlo.
Conocí todas las cárceles
entre vejámenes e insultos
buscándolo
cuando estaba desaparecido
no sé cómo hizo mi madre.
Desde un rincón nos permitieron verlo
y él levantó el puño,
flaco, ojón, barbudo, cadavérico,
la boca grande inflamada;
es que entonces soñar una Patria diferente
era como querer atrapar una estrella,
aprisionar el cielo,
o cautivar la sonrisa.
Por eso cuando alguien pregunta
por qué queremos esta Patria,

Dreaming of Catching a Star

To my father Humberto Gabuardi

Memory
cannot be erased.
My father was a fighter.
He was imprisoned on many occasions,
held in solitary confinement, tortured,
his rights violated
and there was always a burning flame in his eyes.
I was four years old the time
I went to see him holding my mother's hand.
Making my way through each and every prison
ridiculed and insulted
I searched for him when he was detained
      and disappeared
I do not know how my mother did it.
They let us see him from a distance
and he raised his fist,
gaunt, sunken eyes, an overgrown beard,
just skin and bones, his mouth swollen;
back then, dreaming a different Homeland
was like wanting to catch a star,
seize a bit of heaven,
or capture a smile.
That is why when someone asks
why we love this Homeland,

por qué amamos este proceso
mostramos las manos que no tienen torturas,
los ojos que no tienen lágrimas,
porque ahora aquí, solo retamos al tiempo
aquí nosotros construimos el futuro.

Gloria Gabuardi
A un año de la masacre de abril del 2018

why we love this process
we show them hands that have not been tortured,
eyes without tears,
because here now, we are holding back time,
here we are building the future.

Gloria Gabuardi
One year after the massacre in April 2018

MÚSICA DEL ALMA

¿Con qué música del alma he de soñarte
y buscar en las cenizas del rencor?
Las alas rotas de un pájaro derribado
y un corazón con campanario de gitano,
que inflame incesante la luz de las estrellas,
con la mano de Dios perdida entre los muertos
y la paciencia infinita aterrada por la sal del mar.

¿Con qué música de alma he de buscarte?
Si mi corazón, inventa y deshace…
¿Debo armarte y desarmarte,
hacerte señor de mi Troya derribada
y buscar el cuerno de la impudicia
roto por el desvencijado vagón del tiempo?

Por eso quiero que la música del sueño
muerda tus noches vacías,
que no te alcance el tiempo de clavar tus puertas
ni buscar tus chanclas o peinarte.

Te quiero así, desnudo, como Dios te echó
al mundo,
sin milagros, sin Ser Supremo que te ayude,
sin bosque que te proteja
ni cantos gregorianos que sean tus escudos,
quiero bailar en tu pupila

MUSIC FROM MY SOUL

With what music from my soul will I dream you
back from the ashes of bitterness?
Broken wings of a fallen bird
and a gypsy bell tower heart,
to illuminate endless stars,
with the hand of God lost among the dead
and infinite fear of ocean salt.

With what music from my soul will I dream you?
If my heart, that invents and destroys…
Shall I create you and then unmake you,
making you lord of my conquered Troy
and seeking the horn of impudence
in the rotting wagon of time?

That is why I became the music of dreams
to gnaw your empty nights,
so you lack time to even close the door
find your slippers or comb your hair.

I want you there, naked, just as God made you,
without miracles, without a Supreme Being
to help you,
without a forest to protect you
or Gregorian chants as shields,
I want to dance in your eyes

envolverte entre mis lazos
y que mi horizonte sea tu cielo
y mis brazos la cruz en que mueras.

Por eso te quiero aquí hoy de rodillas
ante tu palacio,
ante la luz de tu estandarte,
sin palabras rotas que estremezcan la historia
de mi vida.
Únicamente entre mis manos
el carnaval de tu risa y de tu boca.

wrap and tie you
for my horizon to be your heaven
and my arms to be the cross where you will die.

That is why I want you here today kneeling before
your palace,
before your illuminated flag,
without useless words to shatter the story
of my life.
I hold the carnival of your laughter and your
mouth in my hands.

Tiempo de vivir

A Francisco de Asís

I

Estoy como pájaro herido
como hojita destrozada
como perrito abandonado
arañando el piso
destrozándome las uñas
hundiendo el cuerpo entre mis ojos
en un abismo profundo.

Un accidente cerebrovascular te ha robado
los sueños
y te mantienen dormido.
Veo la luna allá en el infinito
veo las estrellas allá colgando en el cielo,
nuestros encuentros y desencuentros,
nuestros puños agarrados,
nuestros dedos enlazados,
nuestros ojos abrazados como bandera al viento,
escucho la música que quieres
y esos días nuestros llenos de mentiras mentirosas
de verdades verdaderas
y me levanto presurosa.

TIME TO LIVE

To Francisco de Asís

I

I am like a wounded bird
like a broken leaf
like an abandoned pup
scratching the floor
destroying my nails
burying my face in my hands
in a deep abyss.

A stroke robbed your dreams
and they have you sedated.
I see the moon off in the distance
I see the stars there in the distant sky,
our union and disunion,
our hands joined together,
our fingers interlaced,
our shared gaze like a flag waving in the wind,
I listen to music you like
reminiscing about our days full
of false falsehoods
and truthful truths
and I jump to my feet.

Es hora de vivir amor mío,
te tomo las manos
te visto con mi aliento y te veo,
pajarito sin nido
huracán sin tormenta
piedra sin lecho pero
aquí tienes mis manos, mis pies, mis dedos,
mis ojos, mi boca, mi cuerpo entero,
mi canto, mis sueños, mi risa, mi llanto,
mi memoria, mi olvido,
tu casa, tus libros, tus poemas,
tus cuadros,
tu camino eterno, tu sendero peligroso
tu mar para que te hundas
en mí y si quieres
para que vivas en mí para mí.

It is time to live my love,
I hold your hand
giving you words of encouragement, and there
you are, bird without a nest
hurricane without a storm
with no place to rest but
here I give you my hands, my feet, my fingers,
my eyes, my mouth, my whole body,
my song, my dreams, my laughter, my tears,
my memory, my forgetting,
your home, your books, your poems,
your paintings,
your entire life's work, your perilous journey
your sea so that you can be immersed
in me and if you so desire
so that you can live through me and for me.

II

Es tiempo de vivir, amor mío,
despierta,
abre tus ojos caminemos juntos
yo puedo también ser tu sombra, tu bastón,
tu aliento,el piso que camines,
el viento que te empuje
vamos, vamos, vamos
es tiempo de vivir, es tiempo de vivir,
despierta
vamos, toma mi mano
caminemos juntos amor.

II

It is time to live, my love,
wake up,
open your eyes so that we can walk together
I can even be your shadow, your cane,
your encouragement,the ground you walk on,
 he wind that fills your sails
let's go, let's go, let's go
it is time to live, it is time to live,
wake up
let's go, take my hand
let's walk together love.

III

He vuelto sola a Granada, a nuestra
casa granadina
volví a buscar papeles, libros, documentos, fotos
para mostrarte, para recordarte tu vida
y las flores saltaron del jardín a mis labios
de los cuadros y retratos de tus abuelos
cayeron gotas de siemprevivas
perfumes de heliotropos,
de las camas de bronce de tus abuelos
murmullos cadenciosos que se escondieron
en mis pechos
las calles cantaban y murmuraban
oraciones celestiales
manos que saludaban
bocas que lanzaban besos y besaban árboles
soltaban pétalos embrujos y hechizos
lanzaban al lago botellas llenas
de versos amorosos
para vos para que te los llevara al hospital
para que te los cantara y los guardara
bajo tu almohada.

III

I have returned to Granada alone,
to our home
looking for papers, books, documents, photos
to show you, to help you remember your life
and flowers leapt from the garden to my lips
yellow strawflowers dripped down
from your grandparents' paintings
and portraits with the scent of heliotropes,
from your grandparents' bronze beds
came a rhythmic whispering filling
my chest
the streets were singing and chanting
heavenly prayers
hands were waving
mouths were throwing kisses and kissing trees
spreading enchanted and bewitching petals
casting love messages
in bottles into the lake for you,
for me to take them to you in the hospital
to sing them to you and to place them safely
under your pillow.

IV

Hemos vuelto a casa
después de una lucha cuerpo a cuerpo
contra la muerte, el silencio,
la oscuridad, la tristeza, la soledad.
De lamer tus heridas,
de untarlas de luz de luna
de brillo de estrellas, de risas de mariposas
de cuidar tu lecho
como fiera acorralada
con el hijo de su alma.

Cansada y agotada vuelvo a casa
con la cola entre las piernas,
con los colmillos sangrantes.

Estoy quitando las trampas
que dejé en las puertas y ventanas
y que entren las luces del sol y de la luna
el brillo de las estrellas
he comprobado la amistad y el cariño
y roto el cerco de la soledad
tengo miles de cartas y mensajes con sellos
de cielo y de ternura
que con el frío intenso de mi corazón, lo
envuelven y apapachan.

Siento que hemos logrado salir de un callejón
sin salida.

IV

We are home now
after a hard-fought battle
against death, silence,
darkness, sadness, solitude.
Licking your wounds,
treating them with moonglow,
starlight, butterfly laughter
at your bedside with the ferocity
of a cornered beast
protecting its young.

I come home exhausted and drained
tail between my legs, blood dripping
from my fangs.

I open locked
windows and doors
letting in sunshine and moonlight
starlight
I have found friendship and kindness
to break the wall of solitude
in the thousands of letters and messages sealed
with joy and tenderness
wrapping my bitter cold heart in them
for warmth.

As if we managed to emerge from
a dead end.

Siento que me ronda un sueño adonde
anidan pájaros.
Siento que de mis manos huye el insomnio
y vuelve la esperanza
que tus primeras palabras
hacen cosquillas en mi vientre
que tu primera mirada me envuelve entre tus ojos
y me cubre al ver mi alma desnuda y desvalida
mis palabras tristes, llenas de agobio
esperando todavía algún derrumbe
entre tus manos,
pero no me perturban ya la fiesta de las horas
la alegría de los pétalos, la procesión
de las hormiguitas
al sentir el olor de la lluvia o la prisa
de los gusanitos
por esconderse de la misma.

As if I were surrounded by a dream
of nesting birds.
As if I could hold onto hope again instead
of insomnia
your first words
sending chills down my spine
the first time you opened your eyes to look at me
embracing my poor, naked soul in your gaze
my sad words, filled with worry
still expecting everything to fall apart
between your hands
and I no longer fear each passing hour
petals bursting with joy, ants filing
by in procession
sensing the coming rain or tiny
worms rushing
to take cover from it.

V

Enderezo mi corazón, me lo acomodo como
palmera gitana
en medio pecho batido
por una fiesta de confeti
y respiro, respiro, respiro
está vivo, está en mi casa, en mi cama
busco la bandera de mi alma
el mástil del barco de mis sueños
todo lo tengo aquí, todo lo tengo a mano
para impulsarte
en medio de la tormenta
con rayería y todo,
acuario y tauro nos protegen,
creo en el poder de las estrellas
hemos estado al borde del precipicio
ahora no debemos volver a ver atrás
o nos convertiremos en estatua de sal.

V

As my heart grows stronger, I feel it grow
like a gypsy palm
in the center of my chest battered
by a confetti parade
and I breathe, breathe, breathe
he is alive, he is home, in my bed
I look for the flag to wave with my soul
up the mast on the ship of my dreams
I have everything I need right here,
ready to inspire you to go on
through the heart of the storm,
surrounded by lighting,
protected by aquarius and taurus,
I believe in the power of stars
we were at the brink of death
and we must never look back
lest we become pillars of salt.

VI

He borrado todo lo triste, he limpiado tus ojos
y mis ojos
lavado nuestras almas en la limpidez del cielo
en el mar de los colores del mundo
en los ríos de la aventura de la vida.

He aquí te presento el mar
aquí te presento la magia
aquí te presento la varita mágica de los tesoros
del mundo
para que escuchen los cuentos más preciados
y te enriquezcan tus sueños,
para que como Aladino o Simbad el marino
salgas en tu alfombra mágica a pescar
en el infinito
los sueños más hermosos,
para orgullo de tu fantasía
aquí te dejo bien mío polvo de mis huesos
para que con la magia de la poesía
te digas a vos mismo levántate y anda
levántate y anda, levántate y anda.

Aquí te tengo la bolita del mundo para que viajes
por los siete mares de tu fantasía
que te acompañen los magos y la magia
de tus libros de niño
vamos, adelante que ya me han obedecido

VI

I have removed all sadness from my memory,
wiping our eyes clear
washing our souls with the purity of heaven
with every color in the world from the sea
with life itself coursing through rivers.

Here I give you the sea
here I give you magic
here I give you the magic wand to all the treasures
in the world
to hear the greatest stories
to inspire your dreams,
so that like Aladdin or Sinbad the Sailor
you can ride your magic carpet
to infinity
to capture the most beautiful dreams,
to delight your fantasy
I offer you dust from my bones
so that with the magic of poetry
you can tell yourself to stand up and walk
stand up and walk, stand up and walk.

Here I offer you the globe of the earth
for you to travel the seven seas of your fantasy
alongside magicians and the magic from your
childhood books
let's go, now that I have managed to command

tu vanidad de hombre poderoso
tu orgullo de poeta orgulloso
tu ternura de poeta enamorado
vamos adelante bien mío.
Es tiempo de vivir.

your powerful man's vanity
your proud poet's pride
your loving poet's tenderness
we must go forth my love.
It is time to live.

VII

Estoy arañando la vida que llevo y he llevado
con estas manos patéticas y solitarias
para levantar tu verbo
para acechar el vuelo de tu destino
y guardarlo muy guardadito
debajo de mi almohada.
Soplo cenizas de tus palabras
y las empujo al viento
que proclamen la vida
que el ángel de tu cielo se quede todavía
con la mesa servida
que en las brasas de tus ojos se quemen
todos los hechizos
y todos los malos augurios, todos los embrujos
todos los lamentos.
Ya habrá tiempo para saldar las cuentas
ahora despierta bien mío mira ante tus ojos,
mira mis manos
te he traído hasta tu cama
este límpido arcoíris
mira cómo se transforma en flores
mira como ahora son pajaritos de colores
que corren a tu boca
y te dicen levántate y anda, l
evántate y anda,
déjate llevar.

VII

I am scratching at the life I lead and have led
with my pathetic, empty hands
to raise up your voice
to follow your destiny
and place it lovingly
under my pillow.
I blow ashes of your words
into the wind
to affirm life
for the angel of your heaven to stay with us
with the table served
for the fire in your eyes
to burn up every curse
and every bad omen, every trial
and tribulation.
There will be time to even the score
for now, wake up, love, and see what lies before
you, my hands
have brought this luminous rainbow
to your bedside
see how it turns into flowers
how it turns into colorful birds that rush
to your lips
and tell you to stand up and walk,
stand up and walk,
Listen to them.

Acerca de la autora

Gloria Gabuardi. 1945, Managua, Nicaragua. Doctora en Derecho, Poeta, Artista Plástica. Entre otros cargos de importancia, se desempeñó como Asesor de la Vice-Presidencia de la República durante el Gobierno Revolucionario Sandinista, Asesor de la Comisión de Derechos Humanos de la Asamblea Nacional para la década de los noventa. Actualmente es la Secretaria Ejecutiva del Festival Internacional de Poesía de Granada, Nicaragua. En los años 70 vivió en el exilió en Suiza, Francia, México y Costa Rica.

Su obra ha sido publicada en diversas Antologías, tanto nacionales como internacionales.
Ha sido traducida parcialmente al inglés, alemán, italiano, rumano y turco. Y sobre ella han escrito los poetas nicaragüenses, Jorge Eduardo Arellano, Álvaro Urtecho, Fanor Téllez, Edwin Yllescas, Helena Ramos.

Ganadora del Premio "Ricardo Morales Avilés" de la Unión de Escritores de la A.S.T.C. 1982, por su libro *EN DEFENSA DEL AMOR.* Experiencia, nostalgias, afectos y esperanzas, se congregan aquí con voz segura y alta. Poesía femenina del más ascendente tono lírico y épico a la vez, dice el texto de la presentación de su libro.

ABOUT THE AUTHOR

Gloria Gabuardi. 1945, Managua, Nicaragua. Doctorate in Law, Poet, Visual Artist. Among her numerous professional appointments, she served as the Advisor to the Vice President of the Republic during Nicaragua's Revolutionary Sandinista Government, and Advisor to the Commission on Human Rights for the National Assembly during the 1990s. She is currently the Executive Secretary for the International Poetry Festival in Granada, Nicaragua. During the 1970s she lived in exile in Switzerland, France, Mexico, and Costa Rica.

Her poetry has been published in various national and international anthologies, and samples of her work have been translated into English, German, Italian, Romanian, and Turkish. Several Nicaraguan poets, including Jorge Eduardo Arellano, Álvaro Urtecho, Fanor Téllez, Edwin Yllescas, and Helena Ramos, have written about her poetry.

In 1982, her book *EN DEFENSA DEL AMOR* won the "Ricardo Morales Avilés" Prize, awarded by the A.S.T.C. Writers Union. Life experience, loss, hopes, and feelings converge in this book in a clear and solid voice. The introductory note to the book describes her work as women's poetry with a grand tone that is both lyrical and epic.

En su libro *MÁSTILES Y VELAS*, del Fondo Editorial CIRA, 2002, se nos revela como una mujer extraordinariamente apasionada, que narra su itinerario existencial de amor y desamor sin el pudor o el recato de ningún convencionalismo, con la sola voluntad de descubrir su condición de amante, amiga, esposa, hermana. La única condición de la poesía de Gloria Gabuardi es el artificio transparente de su riqueza verbal en el mar humano de sus sentimientos.

Miembro del Centro Nicaragüense de Escritores, Poeta fundadora de la Asociación Nicaragüense de Escritoras.

Editorial CIRA presenta el libro Mástiles y Vela como la alquimia de los sueños de una mujer en la plenitud de la madurez y la belleza de su vida.

In her book *MÁSTILES Y VELAS*, published by Fondo Editorial CIRA in 2002, the poetic voice is that of an extraordinarily passionate woman recounting her existential journey in and out of love unreservedly, without conforming to traditional values, with the sole desire to reveal herself as lover, friend, wife, and sister. The only tradition in Gloria Gabuardi's poetry is the acute clarity of her verbal resonance in the sea of human emotional experience.

Member of the Nicaraguan Writer's Center, founding poet member of the National Association of Nicaraguan Women Writers.

Fondo Editorial CIRA presents her book *Mástiles y Vela* as the alchemy of a woman's dreams at the pinnacle of her maturity and life's beauty.

Acerca de la traductora

Stacey Alba Skar-Hawkins. Doctora en literatura latinoamericana de la Universidad de Wisconsin-Madison (1997) y catedrática en lenguas y culturas en Western Connecticut State University (Estados Unidos). Además de haber traducido una docena de libros, incluyendo memorias latinoamericanas y poesía nicaragüense, ha publicado una monografía sobre la literatura de escritoras latinas en Estados Unidos y numerosos ensayos sobre los derechos humanos, el feminismo, la transculturación y la traducción literaria.

ABOUT THE TRANSLATOR

Stacey Alba Skar-Hawkins. Ph.D. in Latin American Literature from the University of Wisconsin-Madison (1997) and Professor of World Languages & Cultures at Western Connecticut State University (USA). In addition to translating more than a dozen books, including Latin American memoir and Nicaraguan poetry, she has published a monograph on Latina literature in the U.S. and numerous articles on human rights, feminism, transculturation, and literary translation.

ÍNDICE / ÍNDEX

Reino de palabras / *Kingdom of Words*

Reino de palabras · 12
Kingdom of Words · 13
Confesión de amor · 16
Declaration of Love · 17
Observando a mi hija cuando baila · 22
Watching my Daughter Dance · 23
Soy la sangre de tu sangre · 28
I am Blood of Your Blood · 29
Tigra con manchas · 36
Tiger With Stripes · 37
Un mago para que te regale el viento · 42
A Magician Who Can Give You the Wind · 43
Descifrando los enigmas · 46
Deciphering Enigmas · 47
En la montaña de las Brumas de Estelí · 50
In the Mountain Mist of Estelí · 51
Mis ángeles y mis demonios · 56
My Angels and my Demons · 57
Prisionero del paisaje · 58
Prisoner of the Landscape · 59
Renacimiento · 64
Renaissance · 65
Canción · 68
Song · 69

Un mundo de colores para tu alma · 78
A World of Colors for Your Soul · 79
Nunca más · 86
Never Again · 87
Quiero ver el día con el color del ámbar · 96
I Want to See the Day Through Amber Eyes · 97
Soñando atrapar una estrella · 102
Dreaming of Catching a Star · 103
Música del alma · 106
Music From my Soul · 107
Tiempo de vivir · 110
Time to Live · 111
Acerca de la autora · 132
About the Author · 133
Acerca de la traductora · 136
About the translator · 137

Colección
MUSEO SALVAJE
Poesía latinoamericana
(Homenaje a Olga Orozco)

1
La imperfección del deseo
Adrián Cadavid

2
La sal de la locura / Le Sel de la folie
Fredy Yezzed

3
El idioma de los parques / The Language of the Parks
Marisa Russo

4
Los días de Ellwood
Manuel Adrián López

5
Los dictados del mar
William Velásquez Vásquez

6
Paisaje nihilista
Susan Campos Fonseca

7
La doncella sin manos
Magdalena Camargo Lemieszek

8
Disidencia
Katherine Medina Rondón

9
Danza de cuatro brazos
Silvia Siller

10
Carta de las mujeres de este país /
Letter from the Women of this Country
Fredy Yezzed

11
El año de la necesidad
Juan Carlos Olivas

12
El país de las palabras rotas / The Land of Broken Words
Juan Esteban Londoño

13
Versos vagabundos
Milton Fernández

14
Cerrar una ciudad
Santiago Grijalva

15
El rumor de las cosas
Linda Morales Caballero

16
La canción que me salva / The Song that Saves Me
Sergio Geese

17
El nombre del alba
Juan Suárez

18
Tarde en Manhattan
Karla Coreas

19
Un cuerpo negro / A Black Body
Lubi Prates

20
Sin lengua y otras imposibilidades dramáticas
Ely Rosa Zamora

21
*El diario inédito del filósofo vienés Ludwig Wittgenstein /
Le Journal Inédit Du Philosophe Viennois Ludwig Wittgenstein*
Fredy Yezzed

22
El rastro de la grulla / The Crane's Trail
Monthia Sancho

23
Un árbol cruza la ciudad / A Tree Crossing The City
Miguel Ángel Zapata

24
Las semillas del Muntú
Ashanti Dinah

25
Paracaidistas de Checoslovaquia
Eduardo Bechara Navratilova

26
Este permanecer en la tierra
Angélica Hoyos Guzmán

27
Tocadiscos
William Velásquez

28
*De cómo las aves pronuncian su dalia frente al cardo /
How the Birds Pronounce Their Dahlia Facing the Thistle*
Francisco Trejo

29
El escondite de los plagios / The Hideaway of Plagiarism
Luis Alberto Ambroggio

30
*Quiero morir en la belleza de un lirio /
I Want to Die of the Beauty of a Lily*
Francisco de Asís Fernández

31
La muerte tiene los días contados
Mario Meléndez

32
Sueño del insomnio / Dream of Insomnia
Isaac Goldemberg

33
La tempestad / The tempest
Francisco de Asís Fernández

34
Fiebre
Amarú Vanegas

35
*63 poemas de amor a mi Simonetta Vespucci /
63 Love Poems to My Simonetta Vespucci*
Francisco de Asís Fernández

36
Es polvo, es sombra, es nada
Mía Gallegos

37
Luminiscencia
Sebastián Miranda Brenes

38
Un animal el viento
William Velásquez

39
Historias del cielo / Heaven Stories
María Rosa Lojo

40
Pájaro mudo
Gustavo Arroyo

41
Conversación con Dylan Thomas
Waldo Leyva

42
Ciudad Gótica
Sean Salas

43
Salvo la sombra
Sofía Castillón

44
Prometeo encadenado / Prometheus Bound
Miguel Falquez Certain

45
Fosario
Carlos Villalobos

46
Theresia
Odeth Osorio Orduña

47
El cielo de la granja de sueños/ Heaven's Garden of Dreams
Francisco de Asís Fernández

48
hombre de américa / man of the americas
Gustavo Gac-Artigas

49
Reino de palabras / Kingdom of Words
Gloria Gabuardi

50
Almas que buscan cuerpo
María Palitachi

Para los que piensan, como Francisco de Francisco de Asís Fernández, "que deje mi locura por tus ojos… daría mi piel con mi sangre de miel y de lluvia", este libro se terminó de imprimir. En enero de 2023 en los Estados Unidos de América.

www.ingramcontent.com/pod-product-compliance
Lightning Source LLC
Chambersburg PA
CBHW030117170426
43198CB00009B/642